SAGESSE AU QUOTIDIEN

Dr Wayne W. Dyer

Traduit de l'américain
par Christian Hallé

Copyright © 1993, 2005 Wayne W. Dyer
Titre original anglais : Everyday wisdom
Copyright © 2006 Éditions AdA Inc. pour la traduction française
Cette publication est publiée en accord avec Hay House, Inc.
Tous droits réservés. Aucune partie de ce livre ne peut être reproduite sous quelle que
forme que ce soit sans la permission écrite de l'éditeur sauf dans le cas d'un critique
littéraire.
Syntonisez Radio Hay House à www.hayhouseradio.com.
Éditeur : François Doucet
Traduction : Christian Hallé
Révision linguistique : Willy Demoucelle
Révision : Nancy Coulombe
Graphisme : Sébastien Rougeau
Illustration de la couverture : Jui Khida
Photo de Wayne Dyer : Greg Bertolini
ISBN 2-89565-337-2
Première impression : 2006
Dépôt légal : 2006
Bibliothèque et Archives nationales du Québec
Bibliothèque Nationale du Canada

Éditions AdA Inc.
1385, boul. Lionel-Boulet
Varennes, Québec, Canada, J3X 1P7
Téléphone : 450-929-0296
Télécopieur : 450-929-0220
www.ada-inc.com
info@ada-inc.com

Diffusion

Canada :	Éditions AdA Inc.
France :	D.G. Diffusion
	ZI de Bogues
	31750 Escalquens – France
	Téléphone : 05.61.00.09.99
Suisse :	Transat - 23.42.77.40
Belgique :	D.G. Diffusion - 05.61.00.09.99

Imprimé au Canada
Participation de la SODEC.
Nous reconnaissons l'aide financière du gouvernement du Canada par l'entremise du
Programme d'aide au développement de l'industrie de l'édition (PADIÉ) pour nos
activités d'édition.
Gouvernement du Québec - Programme de crédit d'impôt pour l'édition de livres -
Gestion SODEC.

Catalogage avant publication de Bibliothèque et Archives Canada

Dyer, Wayne W

   Sagesse au quotidien
   Traduction de : Everyday wisdom.
   ISBN 2-89565-337-2

   1. Morale pratique - Citations, maximes, etc. 2. Sagesse - Citations, maximes, etc.
I. Titre.

BJ1581.2.D9314 2005   170'.44   C2005-940744-1

*À Barbara Bergen, en témoignage de ma
reconnaissance et de mon amour.*

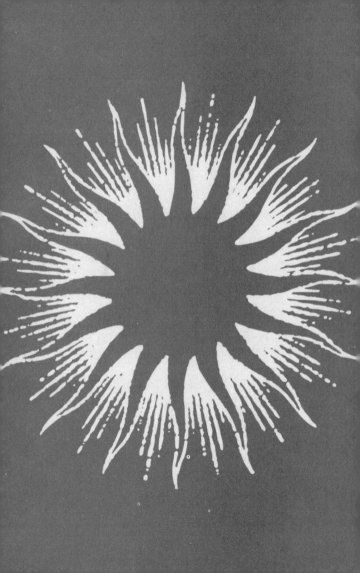

« J'ai beaucoup appris du Dr Wayne Dyer,
mon ami, mon guide, mon mentor. Une seule
phrase tirée de ses livres ou de ses conférences
peut littéralement transformer votre vie.
Sagesse au quotidien contient plusieurs
de ces lignes directrices qui sauront vous guider
sur le chemin de la transformation. »

— Dr Deepak Chopra

« Wayne Dyer a toujours su mettre en évidence
dans ses travaux le pouvoir de notre guide
intérieur. Dans *Sagesse au quotidien*, il partage
avec vous les fruits de sa propre sagesse et vous
aide à prendre conscience des extraordinaires
miracles dont vous êtes capable. »

— Louise L. Hay

Vous n'êtes pas un être humain vivant

des expériences spirituelles. Vous êtes

un être spirituel vivant des expériences

humaines.

L'abondance que vous désirez est déjà présente dans votre vie. Il ne vous reste plus qu'à vous brancher sur celle-ci.

Trois choses encrassent votre âme :
négativité, jugement, et
déséquilibre.

Tout dans l'univers circule librement.

Vous ne pouvez retenir un jet d'eau en

l'empoignant. Ouvrez les mains, et

vous pourrez en faire l'expérience.

Le système universel, dans son intégralité, se maintient grâce à l'amour, à l'harmonie et à la coopération. Si vous utilisez vos pensées en accord avec ces principes, vous pouvez transcender n'importe quel obstacle.

Vous serez peut-être étonné d'apprendre qu'on ne devrait pas parler de « dépression nerveuse ». Les nerfs n'ont rien à voir là-dedans. La dépression est un choix.

Le fait d'avoir un plan n'est pas
nécessairement malsain, mais tomber
en amour avec ce plan est un signe de
névrose… Ne laissez pas votre plan
devenir plus important que vous.

Vos pensées, lorsqu'elles sont
adéquatement nourries et
intériorisées, deviennent réalité
dans le monde des formes.
Les pensées sont des outils
extrêmement puissants.

En fin de compte, il n'y a rien
à pardonner, car il n'y a rien à
juger et personne à condamner.

Les pensées positives vous

maintiennent en harmonie

avec l'univers.

La circulation, en elle-même,

ne peut énerver personne. Elle se

contente d'être ce qu'elle est. La

circulation ne se fait pas de soucis !

Nous pouvons uniquement
donner aux autres ce que nous
avons déjà en nous.

Soyez prêt à accepter tout

ce qui peut arriver.

Chaque fois que vous répondez
à la haine par de l'amour, vous
dissipez cette haine.

Le pardon est un geste
d'amour de soi.

Avec assez de recul,

il est facile de voir l'unité

du genre humain.

Ce que vous voyez confirme ce que vous croyez. Croyez et vous verrez.

Tous vos comportements découlent

des pensées qui les ont précédés.

En réalité, il est beaucoup plus facile de ne *pas* fumer et de ne *pas* manger de chocolat que de le faire. C'est votre esprit qui vous convainc du contraire.

Tout ce que vous voulez posséder finit par vous posséder. Ironiquement, ces choses se mettent à affluer dans votre vie dès que vous n'y tenez plus.

Pour qu'une visualisation devienne réalité dans le monde des formes, vous devez être prêt à faire tout ce qui est nécessaire pour que cela se produise.

Quelle que soit la question, la réponse

est toujours l'amour.

J'ai un jour donné au réparateur venu

pour mon réfrigérateur plusieurs de

mes livres et enregistrements audio. Le

réparateur m'a alors demandé :

« Comment espérez-vous gagner de

l'argent si vous donnez tout

gratuitement ? » Je lui ai répondu :

« Le jour où vous n'aurez plus à me

poser cette question, vous aurez

votre réponse. »

Rien n'est formé.
Rien ne meurt. Tout est
simplement en transition.

Si vous maîtrisez vos pensées, et que

vos émotions découlent de vos pensées,

alors vous maîtrisez vos émotions.

Si vous croyez uniquement à ce que vous voyez, vous êtes alors limité à ce qui est visible à la surface. Si vous croyez uniquement à ce que vous voyez, pourquoi payez-vous alors vos factures d'électricité ?

Si vous avez l'intention de changer
une habitude, vous devez *être* le
traitement.

Personne ne peut créer
de la colère ou du stress
en vous. Vous seul pouvez le
faire, en vertu de la façon
dont vous appréhendez
votre monde.

Les gens qui ne connaissent pas
de limites ne disent jamais : « Je vais
avoir tout ce que je veux. » Ils disent
plutôt : « Je suis déjà tout ce que je
veux être, mais je peux encore
grandir. »

Personne n'en sait assez

pour être pessimiste.

L'intensité d'un sentiment de
culpabilité ne peut jamais changer
le cours de l'histoire. La culpabilité
ne change rien à rien.

Jeter le blâme sur quelqu'un d'autre est un moyen facile d'échapper à vos responsabilités. Utilisez-le et vous éviterez de prendre des risques, mais vous entraverez du même coup votre propre développement.

Engagez-vous à faire ce que vous aimez

et à aimer ce que vous faites.

Dès aujourd'hui !

SOYEZ le remède. Ne le cherchez
pas en dehors de vous-même.

Si vous parlez à Dieu par l'intermédiaire de la prière, Dieu vous parle par l'intermédiaire de l'intuition.

Soyez à l'écoute des signes
intérieurs qui vous aident à prendre
les bonnes décisions — peu importe
ce que les autres en pensent.

Faites confiance à votre intuition
et suivez ses conseils.

Apprenez à voir une

bénédiction dans la douleur.

Exercez-vous à observer la

douleur au lieu de la ressentir.

Aimer d'un amour sacré signifie aimer

ce qui est, même si vous ne comprenez

pas la signification profonde

des choses.

Votre comportement est un bien meilleur baromètre de ce que vous êtes que vos paroles.

Je suis aujourd'hui reconnaissant
envers tous ceux qui m'ont dit
« non ». C'est grâce à eux si
j'ai tout fait par moi-même.

Chaque obstacle est une occasion à
saisir. Chaque obstacle est un test.

Nos émotions sont des choix.

Faire ce que vous aimez

est la pierre angulaire de l'abondance

dans votre vie.

Les gens motivés par la carence

souffrent toute leur vie d'une maladie

appelée « toujours plus ». Ils tentent

constamment d'acquérir quelque chose

afin de se sentir entiers et de combler

cette carence.

Tout conflit est une
violation de l'harmonie.
Si vous y participez, vous
faites partie du problème,
non de la solution.

Ne vous laissez pas piéger

par vos émotions. Considérez-les

comme des choix.

Toutes ces étapes franchies en cours
de route sont des points par lesquels
vous deviez passer.

Ne soyez pas impatient avec l'univers.

Aux yeux de Dieu,
personne sur cette planète
ne vaut mieux que vous.

Prenez conscience que le but et le
périple sont toujours une seule et
même chose.

Le détachement, c'est ne pas avoir besoin de s'accrocher à quelqu'un ou à quelque chose. C'est une façon de penser et d'être qui vous rend libre de voguer sur le courant de la vie. Le détachement est le seul véhicule qui peut vous amener de l'effort à la réussite.

Faites ce que vous voulez en autant
que vous n'empêchez personne
d'exercer ce même droit — voilà la
définition de la moralité.

Tant de gens *attendent* un miracle
au lieu d'en *être* un.

L'ennui est un choix. Le monde
ne connaît pas l'ennui.

Il n'y a pas de raison de craindre

la mort. La mort n'est qu'une

autre dimension.

Si l'un d'entre nous réussit, nous

réussissons tous.

J'envoie de l'amour à mes adversaires lorsque je joue au tennis. Cela fait disparaître la négativité de mon jeu.

Vous demeurerez prisonnier
émotionnellement et physiquement
jusqu'au jour où vous apprendrez
à pardonner.

Je me gorgerai d'amour et j'enverrai

cet amour à travers le monde.

La façon dont les autres me traitent

reflète la voie qu'ils ont choisi

d'emprunter, la façon dont je réagis à

ces traitements m'appartient en propre.

Compter le nombre de pépins
dans une pomme ne requiert qu'un
simple calcul. Mais qui, parmi nous,
peut dire combien il y a de pommes
dans un pépin ?

L'injustice est une constante,

mais vous n'êtes pas obligé de céder

à l'immobilisme émotionnel lorsque

vous y êtes confronté.

Dans le monde de la pure pensée,
il n'y a pas de frontières,
et donc pas de limites.

Je vous recommande de vous traiter avec douceur et de vous aimer inconditionnellement, peu importe ce qui vous arrive.

J'ai finalement compris que les autres

continueront d'être exactement

ce qu'ils sont, indépendamment

de l'opinion que je me fais d'eux.

Comment pourrions-nous posséder
quoi que ce soit ? Au mieux, nous
possédons temporairement nos
jouets quelques brefs instants.

J'ai dans mon placard un complet

dont j'ai découpé les poches.

Il me rappelle que je n'amènerai rien

avec moi. Ce sera le dernier complet

que je porterai, et là où j'irai, je n'aurai

pas besoin de poches.

Vous êtes la somme de tous les choix que vous avez faits jusqu'à maintenant.

Tout de l'univers est relié
par la pensée.

Votre édification est la plus grande

déception de votre ego.

Vous ne pouvez pas toujours
maîtriser ce qui se passe
à l'extérieur, mais vous pouvez
toujours maîtriser ce qui se passe à
l'intérieur de vous.

Donnez pour donner

et faites circuler ce que

vous recevez en retour.

Aimez tous ceux qui vous
entourent. Voyez le dévoilement
de Dieu chez tous ceux que vous
rencontrez, y compris ceux
qu'on vous a appris à rejeter.

Les disputes affaiblissent, alors
que l'harmonie renforce et rend
autonome.

L'harmonie s'installe en vous
par l'intermédiaire de vos pensées.
L'ancêtre de toute action
est une pensée.

Il est possible de formuler toutes vos oppositions en termes d'appui à quelque chose. Par exemple, au lieu d'être contre la guerre, soyez pour la paix. Au lieu d'être contre la pauvreté, soyez pour la prospérité. Au lieu de vous joindre à la lutte contre la drogue, soyez pour la pureté chez notre jeunesse.

Toute action humaine débute par une pensée, une idée, une vision ou une image mentale. De là, elle se matérialise et prend forme.

Si le monde était organisé de façon

à ce que tout soit juste, aucune créature

vivante ne pourrait y survivre, ne

serait-ce qu'une journée. Les oiseaux ne

pourraient plus se nourrir de vers, et il

faudrait veiller à satisfaire l'intérêt

de chacun.

Tout fonctionne grâce à l'amour

et à la coopération.

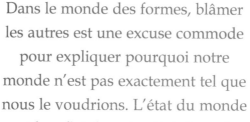

Dans le monde des formes, blâmer
les autres est une excuse commode
pour expliquer pourquoi notre
monde n'est pas exactement tel que
nous le voudrions. L'état du monde
est le reflet de notre état d'esprit.

En Orient, ils contemplent la forêt.

En Occident, ils comptent les arbres.

Dans le contexte
de l'éternité, le temps
n'a pas d'importance.

Vous n'avez pas de raison de vous
en faire. Soit vous avez la maîtrise de ce
qui arrive, soit vous ne l'avez pas. Si
vous l'avez, alors agissez. Si vous ne
l'avez pas, n'en tenez pas compte.
Ne gaspillez pas votre énergie à vous
faire du souci.

Il n'y a pas de voie qui mène
au bonheur. Le bonheur est la voie.
Il n'y a pas de voie qui mène à la
prospérité. La prospérité est la voie.

Il est plus important d'ÊTRE
que d'avoir un but.

Vivez le moment présent. Il n'y a toujours eu que le MAINTENANT.

Le processus qui nous amène à nous abandonner, à nous concentrer et à vivre délibérément mène à l'extase.

Il est facile d'aimer certaines personnes.

La véritable épreuve consiste à aimer

ceux qui sont difficiles à aimer.

Envoyez de l'amour à vos ennemis.

Quand survient un problème,
entrez en vous-même. Faites le
silence en vous. Utilisez-le pour
apprendre quelque chose.

Être intelligent, ce n'est pas

être studieux. C'est savoir comment

être comblé en toute circonstance.

Hier est déjà aussi ancien
que les guerres du Péloponnèse.

C'est vous qui avez
tout créé. Il n'y a pas
d'autre responsable.

Voyez au-delà du succès et de l'échec

— ce ne sont que des jugements

de valeur. Concentrez-vous sur le

processus et laissez l'univers se

charger des détails.

Quand vous pressez une orange,

vous obtenez du jus d'orange, car c'est

ce qu'elle contient. Le même principe

vaut également pour vous. Quand

quelqu'un vous presse, il fait sortir ce

qu'il y a à l'intérieur de vous. Et si vous

n'aimez pas ce qu'il y a en vous, vous

pouvez le changer en modifiant

vos pensées.

Arrêtez de penser à ce que
vous n'avez pas et apprenez à
apprécier ce que vous êtes et ce
que vous avez.

Votre corps n'est rien de plus que le

garage où vous avez temporairement

stationné votre âme.

Arrêtez de chercher votre but.

SOYEZ-le !

Dites-moi ce que vous approuvez,

et je vous montrerai une idée qui se

développera de manière positive.

Dites-moi ce à quoi vous vous opposez,

et je vous montrerai une idée qui se

développera de manière destructrice.

L'essence de la grandeur est l'habileté

à choisir la satisfaction personnelle

dans des circonstances où les autres

choisissent la folie.

La peur de ne pas en AVOIR
assez empêche bien des gens de
voir qu'ils SONT tout ce dont ils
ont besoin.

Vous êtes complètement libre
quand vous êtes capable d'arrêter
de penser à vous-même et à votre
propre importance.

Plus vous donnez,

plus vous recevez.

Les frontières n'existent que
dans le monde des formes. La
pensée ne connaît pas d'obstacles.

La seule réponse possible

à la haine est l'amour.

Toute autre réponse

vous démoralisera.

Vous pouvez demeurer
éternellement assis à vous lamenter
du sentiment de culpabilité qui vous
habitera jusqu'à votre mort,
et pas une seule fraction de cette
culpabilité ne viendra corriger
vos actions passées.

Vous êtes la somme de tous

vos autoportraits précédents…

et vous pouvez toujours en peindre

de nouveaux.

Aujourd'hui est tout ce que vous avez, et peut-être la semaine prochaine. Mais seul aujourd'hui est certain.

On ne peut retenir le vent.

Il en va de même de la pensée.

Les pensées ne vieillissent pas.
Seules les formes vieillissent.

Le désir de toujours avoir raison

crée de la souffrance. Quand vous avez

le choix entre avoir raison et vous

montrer bon, choisissez la seconde

option et vous verrez disparaître

votre souffrance.

Tout ce qui vous immobilise, vous barre la route, vous empêche d'atteindre vos buts, tout cela vient de vous. Vous pouvez vous en débarrasser quand bon vous semble.

Pour entrer dans l'état
d'esprit où les miracles
deviennent possibles, vous
devez laisser aller les choses.

Dès que vous aurez commencé

à croire en vous-même et compris

que votre âme est divine et précieuse,

vous serez automatiquement un être

qui peut réaliser des miracles.

La véritable autonomie,
c'est savoir quel est
votre but, en faisant la
volonté de Dieu, dans le
calme et l'harmonie.

Faites-vous partie du problème

ou de la solution ?

On ne peut pas
choisir un côté plutôt
que l'autre sur
une planète ronde.

La véritable autonomie,

c'est s'abandonner à ce qui est amour,

harmonie et bonté en nous-même,

et refuser à nos ennemis de pénétrer

dans notre conscience.

Jésus a dit que même le
plus humble d'entre nous
pouvait faire tout ce qu'il a fait,
et de plus grandes choses encore.
Vous pouvez, vous aussi, faire
des miracles.

Si vous doutez des principes
de l'univers, ils ne fonctionneront
jamais à votre avantage.

Refuser de pardonner,

c'est ne pas comprendre

le fonctionnement de l'univers et la

place qui vous revient dans celui-ci.

En donnant, vous êtes
conséquent avec votre but.

Vous ne pouvez rien posséder ici-bas.

Vous ne pouvez rien acquérir.

Votre vie ne peut être que don.

L'amour nous permet
d'atteindre des niveaux
d'autonomie plus élevés.

Vous contribuez à répandre ce à quoi vous pensez. Si vos pensées tournent autour de l'idée de manque, alors par définition, le manque se répandra dans votre vie.

Rien de ce que vous pouvez imaginer

n'est impossible.

Tout ce qui va
et vient reviendra.

Même en prison, vous pouvez choisir votre façon de penser. Cet espace de liberté, personne ne peut vous l'enlever !

La méditation fracasse l'illusion

que nous sommes séparés.

La méditation vous donne
l'occasion de connaître
votre moi invisible.

Votre existence dans le monde

des formes mérite d'être honorée

et célébrée. Allez au-delà de votre

asservissement et vivez pleinement

le moment présent,

le seul qui vous est accordé.

Une fois que vous avez appris comment entrer dans votre royaume intérieur, vous disposez d'un refuge unique toujours disponible.

Tout ce qui existe est créé

pour une raison, en tant que partie de

l'intelligence parfaite qu'est l'univers.

Plus, c'est moins,
moins, c'est plus.

Vous êtes ici pour une raison, et ce n'est pas pour accumuler des biens matériels.

Au lieu d'apposer sur vous-même

l'étiquette de chrétien, de juif,

de musulman ou de bouddhiste,

engagez-vous plutôt à imiter le Christ,

Dieu, Bouddha et Mahomet.

Il n'y a pas de stress
dans le monde, uniquement
des gens ayant des
pensées stressantes.

Personne ne peut créer de la colère
ou du stress en vous. Vous seul pouvez
le faire en vertu de la façon dont
vous appréhendez votre monde.

Comment une pensée invisible pourrait-elle avoir plus ou moins de valeur qu'une autre pensée invisible ?

Votre conception intérieure

et extérieure est en parfait équilibre

avec tous les autres éléments

de l'univers.

Soyez reconnaissant et l'univers
vous offrira son abondance.

Quand vous avez compris

et senti le miracle que vous êtes,

vous acquérez la certitude que rien

n'est impossible pour vous.

Vous ne pouvez pas échouer.
Vous produisez simplement
des résultats.

Avoir la volonté de vous
pardonner à vous-même
est une étape incontournable
pour vivre en harmonie avec
les principes universels.

Pour ce qui est des dépendances,

quand vous êtes à la recherche

de poisons, vous n'avez jamais assez

de ce que vous ne voulez pas.

Vous devenez ce à quoi vous pensez

tous les jours et ces jours finissent par

devenir toute votre vie.

Si vous rencontrez quelqu'un
dont l'âme n'est pas alignée sur
la vôtre, envoyez-lui de l'amour
et poursuivez votre route.

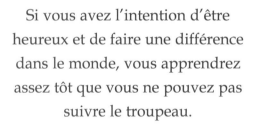

Si vous avez l'intention d'être heureux et de faire une différence dans le monde, vous apprendrez assez tôt que vous ne pouvez pas suivre le troupeau.

Tous les grands maîtres nous

ont laissé un message similaire :

Entrez en vous-même, découvrez votre

moi supérieur, et sachez que Dieu est

l'amour que vous avez en vous.

Nous portons en nous
la possibilité d'être aimé,
si nous l'acceptons.

Une nouvelle
attitude peut transformer
un emploi étouffant
en une source de joie.

Notre univers est une chanson. Même si nous nous séparons en des notes distinctes, nous faisons tous partie de la même chanson. Il suffit d'une seule petite voix à l'intérieur de la « chanson universelle » pour influencer l'être dans son ensemble, vers la destruction ou l'harmonie. Tout est synchronisé et en parfait état de marche à l'intérieur de la chanson universelle.

Quand vous portez un
jugement sur les autres,
ce n'est pas eux que
vous définissez, mais vous.

Nos souffrances sont causées

par l'esprit — par un esprit qui insiste

pour avoir des préférences et qui ne

permet pas aux autres d'être

simplement ce qu'ils sont.

Vous n'êtes pas coincé où vous êtes,

à moins que vous ne le décidiez.

Si vous vous demandez quelle est

la différence entre l'attachement et le

plaisir, demandez-vous comment vous

réagiriez si un objet que vous aimez

disparaissait soudainement.

Ceux qui croient que le monde
est plongé dans les ténèbres
ne voient pas la lumière
qui pourrait illuminer leur vie.

Pour chaque geste malveillant,

on compte un million de gestes

de bonté.

Rappelez-vous que tous les jours,

lorsque vous regardez votre monde

et voyez des millions et des millions

de fleurs s'entrouvrir, Dieu fait tout

cela sans effort.

Si un événement
se produit, il ne peut
pas cesser d'être dans
votre monde physique.

Vous ne pouvez obtenir du jus de prune

d'une orange, même si vous la pressez

de toutes vos forces. Vous ne pouvez

donner de la haine si vous n'avez que

de l'amour en vous.

Vous serez heureux
d'apprendre que la loi
universelle qui rend
possibles les miracles
n'a pas été abrogée.

Quand vous vous traitez de crétin,

c'est le critique invisible en vous

qui juge votre moi extérieur.

Rappelez-vous que vous contribuez

au développement de ce à quoi

vous pensez.

Vous venez au monde
dans un petit corps tout plissé,
et vous le quittez dans un grand
corps tout plissé…
si vous avez de la chance.

Voici le grand mensonge —
que nous sommes limités.
Les seules limites que nous
connaissons sont celles
auxquelles nous croyons.

Puisque votre esprit est un espace qui vous appartient en propre, vous pouvez mettre à l'épreuve n'importe quelle idée pendant quelques jours avant de la partager avec les autres.

Un esprit en paix, un esprit
centré sur l'idée de ne pas blesser
les autres, est plus fort que toutes
les forces physiques de l'univers.

De tous les regrets que l'on peut exprimer avant de mourir, en voici un que je n'ai jamais entendu : « J'aurais souhaité passer plus de temps au bureau. »

Soyez patient avec vos peurs,

et approchez-les avec amour.

Exercez-vous à les observer, comme

un témoin extérieur, et vous les verrez

se dissoudre.

Quand vous avez confiance
en vous-même, vous avez confiance
en la sagesse qui vous a créé.

Nos vies sont le produit

de nos pensées.

Tous vos doutes sont
des obstacles qui vous
empêchent d'entrer
dans le royaume de
la véritable magie.

Débarrassez-vous de la notion
que les choses ne devraient pas être
ainsi. Elles SONT ainsi !

Rien n'appartient à personne, et plus

vous vous en rendrez compte

rapidement, plus vous pourrez

facilement vous brancher sur le

merveilleux principe d'abondance.

Entrer dans le jardin magique
des miracles signifie mettre
l'accent sur la nécessité
de développer une conscience
des possibles.

Les hommes d'État peuvent

nous priver de nos lieux de culte,

mais l'espace intérieur, le coin

de liberté invisible que nous avons

tous en nous, ne peut être légiféré.

Au lieu d'être contre le mal,
soyez uniquement pour l'amour.

C'est à vous de choisir. Vous pouvez

vous exclamer : « Bon matin, mon

Dieu ! » ou « Bon Dieu, c'est le matin ! »

Nos croyances sont
les ingrédients invisibles qui
entrent dans toutes nos activités.

Un risque n'est rien de plus

qu'une pensée que vous croyez

impossible à mettre en œuvre parce que

vous vous en êtes convaincu.

Pour pardonner,
il faut avoir jeté le blâme.

Quand vous vous voyez en contact plutôt que séparé des autres, vous vous mettez automatiquement à coopérer avec eux. C'est l'essence même du processus de guérison.

Quand vous entreprenez de
guérir votre moi intérieur,
vous modifiez votre système
immunitaire.

Vous créez vos pensées,

vos pensées créent vos

intentions, et vos intentions

créent votre réalité.

Pour connaître le secret de la

prospérité, sachez que vous ne la

trouverez jamais en dehors

de vous-même.

Vous ne pourrez jamais « tout »
avoir, vous êtes déjà « tout »
ce dont vous avez besoin.

Vous voyez ce que vous croyez, au lieu

de croire ce que vous voyez.

Si cela fonctionne n'importe où,
cela fonctionne partout.

Chassez ce besoin de posséder. Sachez dans votre cœur que vous n'avez besoin de rien pour être complet, puis voyez toutes ces possessions matérielles occuper de moins en moins de place dans votre cœur.

L'intuition est un guide
rempli d'amour.

Il n'en tient qu'à vous de consulter

votre âme, cet espace de paix intérieure.

Elle vous guidera toujours dans la

bonne direction.

Quand vous savez que vous êtes responsable de vos intentions, vous savez également que vous êtes responsable de tout votre univers.

Nous apposons des étiquettes

sur les gens, et ces étiquettes

deviennent un prétexte pour faire la

guerre. Si nous voulons vraiment vivre

en harmonie, nous devons voir au-delà

des étiquettes.

Votre force et votre authenticité
en tant que personne ne seront pas
mesurées en termes de durée, mais
en fonction de vos dons d'amour.

La mort est un événement
extrêmement embarrassant
pour l'ego.

Si vous avez tendance à croire que vous devez continuer à être ce que vous avez toujours été, vous plaidez contre votre propre développement.

L'argent — comme la santé, l'amour, le bonheur et toutes les choses miraculeuses que vous voulez créer — est la résultante d'une vie vécue délibérément. Ce n'est pas un but en soi.

Vous êtes à la fois un cœur qui bat

et un battement de cœur à l'intérieur

de cet organisme appelé humanité.

Nous sommes notre forme
et notre absence de forme.
Nous sommes visibles et invisibles,
et nous devons honorer ce tout que
nous formons, pas seulement ce
que nous pouvons voir et toucher.

Quand vous permettez à Dieu

de s'exprimer à travers vous et de

répandre ses bontés sur la terre à

travers vous — car vous êtes un

donneur inconditionnel, un être résolu

— votre récompense est la prospérité.

Votre personnalité ne vient ni

de votre famille ni de votre culture.

Vous l'avez vous-même créée.

Abandonnez-vous à une nouvelle prise de conscience, à une pensée qui vous chuchote à l'oreille : « Je peux le faire à l'instant même. Je recevrai toute l'aide dont j'ai besoin pourvu que je conserve cette intention et que j'entre en moi-même pour y trouver assistance. »

Vous êtes éternel, car l'essence

invisible de votre être ne peut mourir.

Grâce au pouvoir de votre esprit,

vous pouvez donner forme à n'importe

quelle pensée.

Vous devenez ce à quoi
vous pensez.

Vos pensées sont des graines

que vous plantez.

« Le royaume des cieux
est en vous » n'est
pas un cliché vide
de sens, c'est une réalité.

Vous êtes déjà complet et entier,
et rien dans le monde matériel
ne peut vous rendre plus complet.

En vous attachant à votre apparence physique, vous vous assurez une vie entière de souffrance à observer votre forme passer par les divers mouvements naturels qui ont débuté au moment de votre conception.

Refusez de laisser une vieille personne

s'installer dans votre corps.

Vieillir est simplement une façon
d'être qu'on vous a enseignée.

Comme le disait le Prince
de la Paix : « Telles seront
vos pensées, tel vous serez. »

Plus vous associez votre valeur

et votre humanité à des choses qui se

trouvent à l'extérieur de vous, plus ces

choses auront de l'emprise sur vous.

Vous n'êtes pas un « faire » humain,

mais un « être » humain.

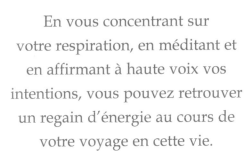

En vous concentrant sur
votre respiration, en méditant et
en affirmant à haute voix vos
intentions, vous pouvez retrouver
un regain d'énergie au cours de
votre voyage en cette vie.

Tout ce que vous savez de

vous-même correspond à une croyance

à laquelle vous tenez.

Si vous poursuivez la carrière

professionnelle que vous avez choisie

lorsque vous étiez jeune, posez-vous

la question suivante : *Est-ce que je*

demanderais aujourd'hui à un

adolescent

de me conseiller au sujet de ma carrière

?

L'engagement personnel à développer

notre propre excellence est la matière

dont sont faits les miracles.

Un conflit ne peut survivre
sans votre participation.

La mort est un concept qui renvoie à l'idée de finitude. Mais la finitude a besoin de frontières, et votre moi intérieur, celui qui est sans dimensions, ne connaît pas de frontières.

La véritable autonomie,

c'est la joie de savoir qu'aucune force

extérieure n'est nécessaire pour être en

harmonie avec soi-même.

Ceux qui nous blessent font
uniquement ce qu'ils savent faire,
compte tenu des conditions dans
lesquelles ils vivent. Si vous ne leur
pardonnez pas, vous permettez à ces
vieilles blessures de continuer à avoir
de l'emprise sur vous.

Ce à quoi vous pensez et ce
dont vous parlez se transformeront
inévitablement en action.

Considérez chaque obstacle

comme une occasion à saisir.

Pour votre propre édification,
vous devez prendre la
responsabilité de votre mode de vie.

Le pardon est un acte du cœur.

Soyez constamment conscient
de la nécessité de servir Dieu
et vos semblables dans toutes
vos activités. C'est ce que font
les faiseurs de miracles.

Donner et recevoir

sont une seule et même chose.

Dieu travaillera avec vous,
non pour vous.

Tout ce que nous combattons
ne fait que nous affaiblir
et entraver notre capacité à voir
une occasion à saisir dans l'obstacle.

L'univers est un système intelligent.

Quand vous apprenez

que vous souffrez d'un problème

physique, vous pouvez vous préparer

à souffrir ou vous préparer à guérir.

Votre volonté est le jardinier

qui s'occupe de votre corps comme

d'un jardin. Écoutez votre corps et il

vous dira ce que vous devez savoir.

Les principes de l'abondance,
de la synchronicité, du détachement
et de l'unité sont opérationnels
dans l'univers. Vous n'avez qu'à
vous brancher sur ces derniers
et les laisser agir à travers vous.

Un arbre permet à la force vitale

de s'exprimer naturellement à travers

lui. Grâce au pouvoir que recèlent vos

pensées, vous pouvez, vous aussi, être

aussi naturel qu'un arbre.

Les êtres spirituels entretiennent

des pensées d'amour et d'harmonie.

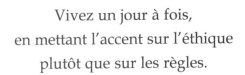

Vivez un jour à fois,
en mettant l'accent sur l'éthique
plutôt que sur les règles.

Abandonnez-vous, ayez confiance

et détournez-vous de l'accumulation

et de la réussite extérieure. Laissez-

vous guider. Soyez résolu.

L'inspiration vous rend semblable
à un petit caillou au fond d'un
ruisseau, avançant toujours plus
avant dans l'infini, touchant tous
ceux avec qui vous entrez
en contact au fil de l'eau.

Vos intuitions vous guident

toujours dans le sens de la croissance

et de la détermination.

En vous se trouve le royaume
de la sérénité, un royaume capable
de générer la prospérité dont vous
avez toujours rêvé.

Vos intuitions sont produites
par l'énergie de votre âme
lorsqu'elle entre en contact
avec votre réalité matérielle.

Porter un jugement sur quelqu'un,

c'est en fait porter un jugement sur soi.

Si vous pouvez le concevoir

dans votre esprit, alors il est possible

de le réaliser dans le monde matériel.

Nous envoyons nos enfants à
l'école pour qu'ils obtiennent un
diplôme dans l'art d'apposer des
étiquettes et pensent que ceux qui
réussissent le mieux méritent les
meilleures notes.

Les miracles se produisent sans
avertissement. Soyez prêt et vigilant.

La véritable mesure de votre
humanité est dans votre âme.

Vous pouvez faire tout ce que
vous désirez faire. Tout !

Votre esprit est libre, sans forme et infiniment capable de choisir n'importe quel miracle, quand il est pleinement honoré et célébré.

Comme chaque fleur est d'une

couleur unique — même si toutes les

couleurs tirent leur origine d'une *seule*

et même lumière — chaque individu,

bien qu'unique en apparence, vient

d'une seule essence.

Vivez le pardon
tous les jours au lieu
de simplement en parler
le dimanche.

Ne demandez rien,
et c'est ce que vous recevrez.

Vous êtes en même temps solitaire

et solidaire.

Plus vous forcerez le cours
de choses pour en tirer un profit
personnel, moins vous apprécierez
ce que vous cherchez si
désespérément.

Tout est déjà présent

dans le monde. Comment

pourrait-il en être autrement ?

Votre but dans la vie
impliquera toujours de donner,
d'aimer et d'aider les autres dans
la mesure de vos moyens.

Vous êtes une âme pourvue d'un corps

plutôt qu'un corps pourvu d'une âme.

Accordez-vous le luxe de croire

en la divinité de votre propre âme.

Votre propre essence
est une intelligence invisible.
Votre essence est dans la pensée, là
où il est pratiquement impossible
d'avoir un attachement.

La personne que vous êtes
se trouve dans le royaume
sans dimensions que vous appelez
vos pensées.

Vous pouvez créer de

l'argent comme vous pouvez créer

n'importe quoi d'autre dans votre vie,

pourvu que vous n'y soyez pas attaché

et que vous ne lui accordiez aucun

pouvoir sur votre vie.

La souffrance s'exprime toujours
dans une forme. Ce n'est pas vous
qui souffrez, mais la personne que
vous imaginez être.

Tout ce que vous êtes
aujourd'hui est le produit
de tout ce que vous avez pensé.

L'abandon est un acte du cœur.

Comment s'abandonne-t-on ?
Il suffit de lâcher prise.

Vous êtes une intelligence à l'intérieur

d'une forme, tout comme la rose est

une intelligence qui dégage le parfum

et l'apparence d'une fleur.

L'abondance se manifeste quand

nous aimons ce que nous faisons.

Tout ce à quoi vous vous
opposez vous empêche d'accéder
à l'abondance.

Les miracles se produisent quand
vous cessez d'utiliser le mot
« impossible » pour vous
abandonner à la magie du savoir.

Pour vous libérer de l'idée de rareté,

soyez d'abord reconnaissant pour

tout ce que vous êtes et pour tout ce

que vous avez.

Pour éliminer vos doutes et entrer dans

le royaume de la véritable magie, vous

devez agir comme si vous étiez déjà ce

que vous voulez devenir et savoir que

vous pouvez le devenir. C'est la seule

façon d'y arriver.

Il doit y avoir de l'harmonie
et de l'allégresse en vous afin
que vous puissiez faire l'expérience
d'un miracle.

Ayez toujours en tête ce qui

constituerait pour vous un miracle.

Visualisez-le. Suspendez vos

incertitudes et votre scepticisme.

Examinez ce que vous croyez être impossible, puis changez votre façon de penser.

Nous parlons à Dieu en privé

et nous appelons cela prier.

Alors pourquoi avons-nous du mal

à croire qu'il puisse nous répondre,

surtout si nous croyons nous adresser

à une intelligence universelle ?

L'illumination est la douce
acceptation de ce qui est.

Quand nous nous aimons,
nous refusons de laisser les autres
manipuler nos émotions à distance.
Le pardon est le moyen que nous
utilisons pour arriver à cette fin.

Pardonner, c'est posséder l'habileté

d'aimer, même dans les circonstances

les plus difficiles.

Le secret du par*don*

est dans le *don*.

Deux affirmations servent encore

à justifier certains des comportements

humains les plus méprisables :

« Je ne fais qu'obéir à la loi » et

« Je fais simplement mon travail. »

Si nous devons un jour avoir

des corps magiques, nous devons

d'abord avoir des esprits magiques.

Chérissez votre être matériel
en tant que véhicule qui abrite
votre âme. Quand vous aurez la
maîtrise de votre monde intérieur,
celle du monde extérieur suivra.

Nous recevons uniquement ce
que nous sommes prêts à accepter.

Créez en vous une harmonie intérieure

où votre âme guidera votre

comportement, au lieu que celle-ci soit

constamment reléguée au second plan.

S'abandonner veut dire faire confiance

aux forces et aux principes à l'œuvre

dans cet univers parfait.

La réalité de la vie nous parle
en silence.

Le pardon est le plus grand accomplissement de l'homme, car ce geste montre la véritable illumination en action. Il montre que la personne est en contact avec l'énergie de l'amour.

Juger, c'est voir le monde tel que *vous* êtes au lieu de le voir tel qu'il est.

L'amour est don et n'a rien à voir

avec ce que vous recevez.

Les miracles s'opèrent
de l'intérieur. Entrez en vous-même
pour créer la magie que vous
cherchez dans votre vie.

Si vous avez pris l'engagement

de voir votre moi matériel avec

étonnement et admiration, et si vous

savez, au tréfonds de vous-même, que

votre moi invisible souhaite habiter un

corps le plus sain possible, cela veut

dire que vous êtes prêt à

amorcer votre apprentissage.

Vos limites sont fixées par ce que vous avez convenu d'appeler les limites du possible. Modifiez votre point de vue et vous pourrez faire disparaître toutes vos limites.

Cet être entier appelé
« être humain » ne peut
fonctionner de façon harmonieuse
si ses composantes sont en conflit.

La voie vers l'unité semble passer

par l'harmonie intérieure. La voie

de l'harmonie intérieure passe par

le silence.

Le processus de mortalité que nous

observons dans le monde matériel

est ce qui vous permet de vivre.

Il n'y a pas d'accidents
dans un univers parfait.

Nous faisons tous partie
d'un univers infini.

Quelques minutes passées

dans la plus complète exaltation

contribueront davantage à votre

éveil spirituel qu'aucun cours

de métaphysique.

Nous venons de nulle part,
nous vivons quelque part,
puis nous retournons vers nulle
part. Tout cela est du pareil au
même. Tout n'est qu'un.

Avoir un but signifie vous donner inconditionnellement et accepter ce que l'amour vous réserve, même si ce n'est pas toujours ce que vous anticipiez.

Être un être spirituel implique
d'être capable de toucher
votre moi invisible.

Dans le monde sans dimensions

de la pensée, tout est possible.

Regagnez la paisible solitude

de votre esprit. C'est là que

vous découvrirez Dieu.

Tout est parfait
dans notre univers.
Prenez le temps d'en profiter.

À propos de l'auteur

Wayne W. Dyer, Ph.D., est un auteur et un conférencier de renommée internationale dans le domaine du développement personnel. Il a signé plus d'une vingtaine d'ouvrages, conçu plusieurs livres audio, CD et vidéos, et participé à des milliers d'émissions de télévision et de radio. Cinq de ses livres, incluant *Accomplissez votre destinée*, *La sagesse des anciens*, *Il existe une solution spirituelle à tous vos problèmes* et les best-sellers *Les dix secrets du succès et de la paix intérieure* ainsi que *Le pouvoir de l'intention*, ont été présentés sur les ondes de la télévision publique.

Le Dr Dyer est titulaire d'un doctorat en counseling éducationnel de l'Université Wayne State et professeur agrégé à l'Université St. John de New York.

Site Internet : **www.DrWayneDyer.com.**

Autres titres de Wayne W. Dyer aux Éditions AdA

Aussi disponibles
chez AdA Audio

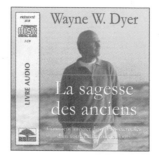